BELLEROPHON,

TRAGEDIE

REPRESENTÉE POUR LA PREMIERE FOIS

PAR L'ACADÉMIE ROYALE
DE MUSIQUE

l'An 1679. Remise au Theatre pour la seconde fois le Jeudi dixiéme Décembre 1705. & pour la troisiéme fois le Mardi onziéme Janvier 1718.

Le prix est de trente sols.

A PARIS,
Chez PIERRE RIBOU, seul Libraire de l'Académie Royale de Musique, Quai des Augustins, à la Descente du Pont-Neuf, à l'Image S. Loüis.

MDCCXVIII.
Avec Approbation & Privilege du Roi.

PRIVILEGE DU ROY.

LOUIS par la grace de Dieu Roi de France & de Navarre: A nos amés & Feaux Conseillers les gens tenans nos Cours de Parlement, Maîtres des Requêtes ordinaires de notre Hôtel, Grand Conseil, Prevôt de Paris, Baillifs, Senechaux, leurs Lieutenans Civils, & autres nos Justiciers qu'il appartiendra, Salut. Les Sieurs Besnier Avocat en Parlement, Chomat, Duchesne, & de la Val de S. Pont, Bourgeois de notre bonne ville de Paris, Nous ont fait remontrer, qu'en consequence de l'Arrêt de notre Conseil du 12. Decembre 1712. du Traité fait entre eux & les Sieurs de Francine & Dumont le 24. desd. mois & an, & de nos Lettres Patentes du 8. Janvier ensuivant, confirmatives du Traité, ils auroient acquis le Privilege de faire representer les Opera durant le tems de vingt années, à compter du 20. Aout 1712. ainsi que le Privilege de la vente des paroles desd. Opera, lesquelles ils desireroient faire imprimer pour les donner au Public, s'il Nous plaisoit leur accorder nos Lettres de Privilege sur ce necessaires. A CES CAUSES desirant favorablement traiter les Exposans, attendu les charges dont l'Académie Royale de Musique se trouve oberée, & les grandes depens qu'il convient de faire tant pour l'impression que pour la gravure en taille-douce des planches dont ce Livre sera orné, Nous leur avons permis & permettons par ces Presentes de faire imprimer & graver les Paroles & la Musique, de tous lesd. Opera qui ont été ou qui seront representées par l'Académie Royale de Musique, tant separément que conjointement, en telle forme, marge, caractere, nombre de volumes & de fois que bon leur semblera, & de les faire vendre & debiter par tout notre Royaume pendant le tems de dix-neuf années consecutives, à compter du jour de la datte desdites Presentes. Faisons defenses à toutes personnes, de quelque qualité & condition qu'elles puissent être, d'en introduire d'impression étrangere dans aucun lieu de notre obeïssance, & à tous Imprimeurs, Libraires, Graveurs, & autres, d'imprimer, faire imprimer, vendre, faire vendre, debiter, ni contrefaire lesdites impressions, planches & figures, en tout ni en partie, sans la permission expresse & par écrit desd. Sieurs Exposans, ou de ceux qui auront droit d'eux, à peine de confiscation des exemplaires contrefaits, de six mille liv. d'amende contre chacun des contrevenans, dont un tiers à nous, un tiers à l'Hôtel-Dieu de Paris, l'autre tiers ausdits Sieurs Exposans & de tous dépens, dommages & interets, à la charge que ces Presentes seront enregistrées tout au long sur le Registre de la Communauté des Imprimeurs & Libraires de Paris, & ce dans trois mois de la datte d'icelles, que la gravûre & impression desdits Opera sera faite dans notre Royaume & non ailleurs, en bon papier & en beaux caracteres, conformément aux Reglemens de la Librairie, & qu'avant de les exposer en vente il en sera mis deux Exemplaires dans notre Bibliotheque publique, un dans celle de notre Château du Louvre, & l'autre dans celle de notre trés-cher & feal Chevalier Chancelier de France le Sieur Phelypeaux Comte de Pontchartrain, Commandeur de nos Ordres, le tout à peine de nullité des Presentes: du contenu desquelles vous mandons & enjoignons de faire joüir lesd. Sieurs Exposans, ou leurs ayans cause, pleinement & paisiblement, sans souffrir qu'il leur soit fait aucun trouble ou empêchement. Voulons que la copie desdites Presentes, qui sera imprimée au commencement ou à la fin desd. Opera, soit tenuë pour dûëment signifiée, & qu'aux copies collationnées par l'un de nos amés & feaux Conseillers & Secretaires foit soit ajoûtée comme à l'Original. Commandons au premier notre Huissier ou Sergent de faire pour l'execution d'icelles tous actes requis & necessaires; sans demander autre permission, & nonobstant Clameur de Haro, Charte Normande, & Lettres à ce contraires: Car tel est notre plaisir. Donné à Versailles le 20. jour d'Août l'an de Grace 1713. & de notre Regne le soixante-onziéme. Par le Roi en son Conseil. Signé BESNIER avec paraphe, & scellé.

Nous avons cedé à M. Ribou le present Privilege suivant le Traité fait avec lui le 17. Juillet dernier 1713. A Paris le 22. Aout 1713. Signé, BESNIER.

Registré sur le Registre avec la Cession n. 3. de la Communauté des Libraires & Imprimeurs de Paris, page 648. n. 731. conformément aux Reglemens, & notamment à l'Arrêt du Août 1703. *Fait à Paris ce* 11. *Septembre* 1713. L. JOSSE, Syndic.

PREFACE.

LE ROY ayant donné la paix à l'Europe, l'Académie Royale de Musique a crû devoir marquer la part qu'elle prendra à la joye publique, par un Spectacle où elle pût faire entrer les témoignages de son zele pour la gloire de cet Auguste Monarque. Elle s'y est crûë d'autant plus obligée, que la protection qu'il donne aux beaux Arts les a toujours fait joüir, pendent le cours même de la guerre, de l'heureuse tranquilité qui leur est si necessaire. C'est ce qui a donné occasion à cette Tragédie en Musique : le Theatre represente d'abord le Parnasse François, Apollon y vient avec les Muses celebrer le retour d'une paix si glorieuse à la France : Pan & Bachus y arrivent en même tems, & signalent leur joye par des Danses & par des Chants d'allegresse; mais Apollon pour mieux divertir le plus grand Prince de la Terre, imagine sur le champ un Spectacle où lui-même avec les Muses veut representer l'Histoire de Bellerophon. Chacun sçait que ce Heros combattit autrefois la Chimere, monté sur Pegase, & que ce fut d'un coup de pied de Cheval que nâquit ensuite la fameuse Fontaine qui inſpire les Vers, & qui a fait naître la Poëſie. On ne ſçait pas trop bien qui étoit le Pere de Bellerophon ; les uns tiennent que c'étoit Glaucus, & les autres le font Fils de Neptune ; & c'eſt ſur cette diverſité d'opinions qu'on a formé l'intrigue de cette Piece, & l'Oracle qui en fait le nœud. Amiſodar eſt un Perſonnage épiſodique, fondé ſur cette Fable, qu'il y a eu une Femme nommée Chimere, qui épouſa un Roi de Lycie appellé Amiſodar.

ACTEURS & ACTRICES CHANTANS dans tous les Chœurs du Prologue & de la Tragedie.

COSTE' DE LA REINE.	COSTE' DU ROI.
Mesdemoiselles	*Mesdemoiselles*
Pasquier.	Tulou.
Limbourg.	La Garde.
Millon.	Tetrelette.
Guillet.	Veron.
La Roche.	Charlard.
Bressieux.	Chevalier.
Messieurs	*Messieurs*
Paris.	Boulley.
Corbie.	Morand.
Lemire-L.	Venec pere.
Faussié.	Alexandre.
Dun, le fils.	Deshais.
Thomas.	Poste.
Dautrep.	Lebel.
Houbeau.	Duplessis.
Duchesne.	Corail.
Le Jeune.	

ACTEURS CHANTANS
DU PROLOGUE.

APOLLON.	M. le Mire.
BACHUS.	M. Buzeau.
PAN,	M. Dun le Fils.
UN BERGER.	M. Murayre.

ACTEURS DANSANS DU PROLOGUE.

SUITE DE BACHUS.

Messieurs Dangeville, Guyot, Laval, Landais.

Mesdemoiselles le Maire, Duval, Mangot, le Roy - L.

SUITE DE PAN.

Messieurs Dumoulin - L., Dupré, P. Dumoulin.

Mademoiselle Guyot.

Mesdemoiselles Haran, Brunel, le Roy la J.

PROLOGUE.

PROLOGUE.

Le Theatre represente une agreable Vallée entre des Côteaux délicieux, au fond desquels paroît le Mont-Parnasse à double sommet, & entre les deux, la source de la Fontaine d'Helicon. Apollon est assis au haut de cette Montagne, accompagné des neuf Muses, qui sont aussi assises des deux côtez.

APOLLON.

Muses, préparons nos concerts.
Le plus grand Roi de l'Univers
Vient d'assurer le repos de la Terre :
Sur cet heureux Vallon il répand ses bienfaits.
Aprés avoir chanté les fureurs de la guerre,
Chantons les douceurs de la paix.

CHOEUR DES MUSES.

Aprés avoir chanté les fureurs de la guerre,
Chantons les douceurs de la paix.

APOLLON.

Par cet auguste Roi la discorde est bannie.
Pour tous les Dieux sa gloire a tant d'appas,
Que Pan lui-même, oubliant nos débats,
Vient ici de nos chants augmenter l'harmonie.
Bachus, ainsi que lui, vient se joindre avec nous;
Pour rendre nos accords plus charmants & plus doux.

Bachus entre ici d'un côté, accompagné d'Egipans & de Menades, & Pan entre de l'autre suivi de Bergers & de Bergeres.

BACHUS.

Du fameux bord de l'Inde, où toujours la Victoire
Rangea les Peuples sous ma loi,
Je viens prendre part à la Gloire
D'un Vainqueur aussi grand que moi.

PAN.

J'ai quitté les Forêts où je tiens mon Empire,
Pour venir comme vous admirer ce Heros.
Nos Plaines & nos Bois lui doivent leur repos,
C'est par lui seul que tout respire.

TOUS.

Chantons le plus grand des Mortels,
Chantons un Roi digne de nos Autels.

CHOEUR D'APOLLON & DES MUSES.

Par lui tous nos chants refleuriſſent.

CHOEUR DE BACHUS & DE PAN.

Les tranquiles plaiſirs par lui ſont de retour.

CHOEUR D'APOLLON & DES MUSES.

De ſon nom ſeul les Echos retentiſſent.

CHOEUR DE BACHUS & DE PAN.

Si l'on ſoûpire encor ce n'eſt plus que d'amour.

CHOEUR D'APOLLON & DES MUSES.

Tout rit dans nos douces retraites.

CHOEUR DE BACHUS & DE PAN.

Rien ne vient plus troubler le ſon de nos Muſettes.

TOUS.

Chantons le plus grand des Mortels.
Chantons un Roi digne de nos Autels.

Les Bergers & les Bergeres commencent ici une Entrée, après laquelle un Berger chante les deux couplets ſuivants, qui ſont entremêlez de Danſes.

UN BERGER.

Pourquoi n'avoir pas le cœur tendre?
Rien n'eſt ſi doux que d'aimer.
Peut-on aiſément s'en défendre?
Non, non, non, l'Amour doit tout charmer.
Que ſert la fierté dans les Belles?
Tout aime enfin à ſon tour.
Voit-on des rigueurs éternelles.
Non, non, non, rien n'échape à l'Amour.

Après cette Chanſon, les Egipans & les Menades font une Entrée, laquelle étant finie, les Bergers & les Bergeres ſe mêlent avec eux, & ils danſent tous enſemble. Cette derniere Danſe eſt ſuivie de ce Dialogue de Bachus & de Pan.

PAN.

Tout eſt paiſible ſur la Terre.
Voici lh'eureux tems des Amours.

BACHUS.

Ils n'ont plus à craïndre la guerre,
Qui des Amants troubloit les plus beaux jours.

PAN.

Aimez, Bergers, aimez, Bergeres,
Suivez vos plus tendres deſirs.

BACHUS.

Si l'Amour a des maux, il a mille plaiſirs
Qui rendent ſes peines legeres.

BACHUS & PAN.

Si l'Amour a des maux, il a mille plaisirs
Qui rendent ses peines legeres.

APOLLON.

Quittez de si vaines chansons.
Il faut par de plus nobles sons
Honorer en ce jour le Heros de la France.
Transformons-nous en ce moment,
Et dans un Spectacle charmant
Celebrons à ses yeux l'heureux évenement,
Que jadis au Parnasse a donné la naissance.
Allons, pour ce grand Roi, redoublez vos efforts,
Preparez nos plus doux accords.

TOUS.

Pour ce grand Roi, redoublons nos efforts,
Preparez nos plus doux accords.

Fin du Prologue.

ACTEURS CHANTANS
DE LA TRAGEDIE.

PALLAS, *Déesse*, Mademoiselle Millon.
JOBATE, *Roi de Lycie*, M. Hardoüin.
STENOBE'E, *veuve de Pretus, Roi d'Argos*, Mlle Journet.
PHILONOE', *Fille de Jobate*, Mlle Poussin.
BELLEROPHON, *crû Fils de Glaucus*, M. Cochereau.
AMISODAR, *Prince Lycien, amoureux de Stenobée*, M. Thevenard.
ARGIE, *confidente de Stenobée*, Mlle Antier.
LE SACRIFICATEUR, *Ministre du Temple d'Apollon*, M. le Myre.
LA PITHIE, M. Murayre.
APOLLON *sur le Parnasse.*
I. AMAZONE, Mlle Pasquier.
II. AMAZONE, Mlle Limbourg.
UNE NAYADE, Mlle Pasquier.
UNE DRYADE, Mlle Tettelette.
Deux Dieux des Bois, Messieurs { Dun fils. Guedon.

ACTEURS DANSANS DE LA TRAGEDIE.

ACTE PREMIER.

SOLYMES.

Messieurs Ferrand, Dumoulin-L., Marcel, Dupré, Javilliers, Pierret.

AMAZONES.

Mesdemoiselles la Ferriere, Haran, Lemaire, Duval, le Roy-L., le Roy-C.

ACTE SECOND.

MAGICIENS.

Messieurs Dumoulin-L., Marcel-L., Pierret, Marcel-C., F. Dumoulin, P. Dumoulin, Pecourt, Duval.

ACTE TROISIE'ME.

PRESTRES ET PRESTRESSES.

Messieurs P. Dumoulin, Dangeville, Pecourt, Laval.

Mademoiselle Prevost ou la Ferriere.

Mesdemoiselles Haran, Brunel, Lemaire, le Roi-C.

ACTE QUATRIE'ME.

BERGERS ET BERGERES.

Monſieur D. Dumoulin.

Mademoiſelle Prevoſt ou la Ferriere.

Meſſieurs Dumoulin-L., Dupré, P. Dumoulin, Dangeville, Laval, Guyot.

UN PASTRE.

Monſieur F. Dumoulin.

Meſdemoiſelles Lemaire, le Roy-C., Mangot, le Roy la J.

ACTE CINQUIE'ME.

PEUPLES DE LYCIE.

Monſieur D. Dumoulin.

Meſſieurs Blondy, Marcel-L.

Meſſieurs Dupré, Pierret, Pecourt, Guyot.

Meſdemoiſelles Haran, Bonnel, le Roy-C., Duval.

BELLEROPHON,

TRAGEDIE.

ACTE PREMIER.

Le Theatre represente une avant-cour du Palais du Roi, au fond de laquelle paroît un grand Arc de Triomphe, & au-de-là on découvre la Ville de Patare, capitale du Royaume de Lycie.

SCENE PREMIERE.

STENOBE'E, ARGIE.

STENOBE'E.

NOn, les soulevemens d'une Ville rebelle
Ne m'ont point fait quitter Argos;
C'est l'Amour seul fatal à mon repos,
C'est le cruel Amour qui dans ces lieux m'appelle.
Pretus n'est plus, & desormais sa mort
Me rend maîtresse de mon sort;
Je puis donner un Diadême,
Et viens dans cette Cour faire un dernier effort
Sur le cœur d'un Ingrat que j'aime.

ARGIE.

Quoi, de Bellerophon l'outrageante froideur
Ne peut de cet amour dégager votre cœur ?

STENOBÉE.

Malgré tous mes malheurs, je ſerois trop heureuſe,
Si les mépris pouvoient guérir l'amour.
Ma fierté dès long-tems, par un juſte retour,
M'auroit fait triompher de ma flâme amoureuſe;
Mais helas! ma tendreſſe augmente chaque jour.
Malgré tous mes malheurs je ſerois trop heureuſe,
Si les mépris pouvoient guérir l'amour.

ARGIE.

Contre Bellerophon votre aveugle colere
Aux plus ſanglans effets devoit s'autoriſer;
L'Amour vous le fait voir toujours digne de plaire;
C'eſt aſſez pour vous appaiſer.

STENOBÉE.

Helas! à quel excès je portai ma vengeance!
Je l'accuſai, malgré ſon innocence,
De vouloir m'inſpirer une coupable ardeur.
Ce fut pour lui ravir & l'honneur & la vie,
Que Pretus l'envoya chez le Roi de Lycie.
Et quels troubles alors ne ſentit point mon cœur!
En vain quand l'amour eſt extrême,
On veut perdre un Ingrat qui nous oſe outrager.
On prend dans ſes malheurs plus de part que lui-même.
Helas! quand il ſe faut vanger de ce qu'on aime,
Qu'il en coûte pour ſe vanger!

ARGIE.

Ne redoutez plus rien ; ce Heros invincible
Aux plus affreux périls tant de fois expoſé,
A ſa valeur a trouvé tout poſſible.
Quel triomphe pour vous, s'il vous étoit aiſé
De rendre enfin ſon cœur ſenſible !

STENOBE'E.

Du moins Bellerophon n'a jamais rien aimé :
C'eſt à la gloire qu'il ſe donne,
Et ſon cœur peut être charmé,
Par les offres de ma Couronne.

Eſpoir, qui ſéduiſez les Amants malheureux,
Pourquoi ſurprendre ma vangeance ?
Je ſçai, je ſçai combien vous êtes dangereux,
Je ſçai que vous allez entretenir mes feux,
Et redoubler leur violence.
Cependant vous rentrez dans mon cœur amoureux.
Et je ſens qu'avec vous il eſt d'intelligence.
Eſpoir, qui ſéduiſez les Amants malheureux,
Pourquoi ſuſpendre ma vangeance ? 51

SCENE II.

STENOBE'E, PHILONOE', ARGIE.

PHILONOE'.

REine, vous sçavez qu'en ce jour
Je reçois un Epoux de la main de mon Pere:
J'attends le choix qu'il en doit faire,
Entre tous les Amants qui remplissent sa Cour.
Obtenez qu'il n'en délibere
Que de concert avec l'Amour.

Qu'il est doux de trouver dans un Amant qu'on aime,
Un Epoux que l'on doit aimer!
Lorsque le cœur a choisi de lui-même
Le seul objet qui pouvoit l'enflâmer,
Qu'il est doux de trouver dans un Amant qu'on aime,
Un Epoux que l'on doit aimer!

STENOBE'E.

Quoi, Princesse, à l'amour vous auriez pû vous rendre.

PHILONOE'.

En vain j'ai voulu m'en défendre.

STENOBE'E.

Et qui donc aimez-vous ?

PHILONOE'.

Un Heros que les Dieux
On fait des Conquerans l'exemple glorieux ;
Eſtimé dans la paix ; redouté dans la guerre :
Il eſt, & la terreur, & l'amour de la Terre.

Si pour chercher à vaincre il court dans les hazards,
A ſes premiers efforts ſes Ennemis ſe rendent,
Et s'il aime, il n'eſt point de cœur qui ſe défendent
De ſes premiers regards.

STENOBE'E.

Ah ! c'eſt Bellerophon.

PHILONOE'.

C'eſt lui, je le confeſſe,
Ne condamnez point ma tendreſſe.
Quand mille exploits fameux parlent pour un Amant,
Peut-on reſiſter un moment ?
Aprés avoir vaincu deux Nations guerrieres,
Bellerophon ameine en ces lieux fortunez,
Les Amazones priſonnieres,
Et les Solymes enchaînez ;
Il poſſede mon cœur, je puis tout ſur ſon ame.
Reine, favoriſez une ſi belle flâme.

SCENE III.

STENOBE'E, ARGIE.

STENOBE'E.

ET je croyois qu'aucun ardeur
N'eût jamais enflamé son cœur ?

ARGIE.

Un cœur qui paroît invincible
Peut être un tems sans se laisser charmer;
Mais on a beau se défendre d'aimer,
Le moment vient d'être sensible.

STENOBE'E.

C'en est fait, l'outrage est trop grand.
Si ces cruels refus faisoient tort à ma gloire,
Au moins il m'étoit doux de croire,
Que mon cœur soûpiroit pour un Indifferent.
Mais il aime, & c'est-là ce qui me desespere,
Une autre a fait ce que je n'ai pû faire.

Venez, Haine, Vangeance. & versez dans mon cœur
Votre poison le plus funeste:
Vous ne sçauriez m'inspirer trop d'horreur,
Pour un Ingrat que je déteste.

Suivons : ſuivons ce deſeſpoir,
Il faut pour vanger mon outrage
Qu'Amiſodar ſerve ma rage ;
Son Art dans les Enfers lui donne tout pouvoir.
Il en peut évoquer quelque monſtre effroyable
Qui porte le ravage, & la flâme en ces lieux.
Il m'aime, & ſur lui je veux jetter les yeux...

ARGIE.

Le Roi vient, contraignez l'ennui qui vous accable.

SCENE IV.

LE ROY, STENOBE'E, ARGIE, SUITE.

LE ROY.

Contre Bellerophon, j'ai fait jusqu'à ce jour
Ce que Pretus pouvoit attendre
De l'aveugle zele d'un Gendre.
Vous vouliez, comme lui qu'il perit dans ma Cour.
D'abord, sans connoître son crime,
J'abandonnai sa tête aux rigueurs de son sort.
Pretus croyoit sa perte legitime,
C'étoit assez pour résoudre sa mort:
Mais enfin il est tems de vous ouvrir mon ame.
Aprés qu'il s'est rendu l'appui de mes Etats,
Je dois me conserver son bras:
Ma Fille est l'objet de sa flâme.
Aujourd'hui de ma main elle attend un Epoux.
C'est lui que je choisis.

STENOBE'E.

Ciel! que me dites-vous?
Choisir Bellerophon! & qui l'auroit pû croire?

LE ROY.

Ses exploits l'ont rendu digne de cette gloire.

STENOBE'E.

STENOBÉE.

Songez-vous que Pretus vous demanda sa mort?

LE ROY.

Les Dieux ne m'ont point fait arbitre de son sort.

STENOBÉE.

Quoi vous soûtenez un coupable?

LE ROY.

Quoi votre haine est implacable?

ENSEMBLE.

Ah! cessez de vous obstiner.

LE ROY.

Malgré votre jalouse envie,

STENOBÉE.

Malgré vos soins pour lui sauver la vie,

ENSEMBLE.

Il merite { le prix / la mort } que je lui veux donner.

On entend des Timbales, & des Trompettes.

STENOBÉE.

A ce bruit éclatant je connois qu'il s'avance.
Je ne vous dis plus rien, mais vous devez songer,
Que si vous negligez le soin de ma vangeance,
Je suis Reine, & puis me vanger.

Aprés que Stenobée est sortie, on voit entrer une Troupe d'Amazones, & de Solymes enchaînez, dont ceux qui les conduisent portent les armes : la marche que cette Troupe fait sur le Theatre est une espece de triomphe pour Bellerophon, qui entre aprés que les Amazones, & les Solymes ont passé devant le Roi, & pris leur place.

SCENE V.

LE ROY, BELLEROPHON, *Troupe* D'AMAZONES, & *de* SOLYMES.

Six hommes en Amazones chantants, six femmes en Amazones chantantes, Pages de la suite des Amazones, quatorze Solymes chantants, un Solyme dansant seul, quatre Amazones dansantes, quatre Solymes dansants, quatre hommes armez dansants.

LE ROY.

Venez, venez goûter les doux fruits de la gloire,
Qui dans tout l'Univers vous fait tant de jaloux.

BELLEROPHON.

Seigneur, quand on combat pour vous,
N'est-on pas sûr de la victoire?

LE ROY.

Aprés avoir rangé deux Peuples sous mes loix,
Prince, votre rare vaillance
Demeureroit sans récompense,
Si ma Fille n'étoit le prix de vos exploits.
Vous l'aimez, elle vous aime,
Soyez heureux, j'y consens.

BELLEROPHON.

Ah! Seigneur, puis-je encor me connoître moi-même.

LE ROY.

La valeur obtient tout des cœurs reconnoissants.

Un Heros que la gloire éleve
N'est qu'à demi recompensé,
Et c'est peu si l'amour n'acheve
Ce que la gloire a commencé.

BELLEROPHON.

Surpris de tant d'honneurs, je ne puis que me taire;
Quel service, assez grand pouvoit les meriter?
J'eusse été trop témeraire
Si j'eusse osé m'en flater.
Moi qu'un Frere a chassé d'Ephyre,
Où mon Pere Glaucus avoit donné la loi.

LE ROY.

Etre l'appui de mon Empire,
C'est meriter assez d'y regner aprés moi.
Qu'aucun ne garde ici des sujets de tristesse:
A vos Captifs je rends la liberté.

BELLEROPHON *aux Amazones & aux Solymes.*

Faites tous voir votre allegresse,
En sortant de captivité.

Le Roi & Bellerophon étant sortis, ceux qui ont conduit les Amazones & les Solymes, leur ôtent les fers & rendent l'épée aux unes, & la l.nce aux autres.

AMAZONES.

Quand un Vainqueur est tout brillant de gloire,
Qu'il est doux de porter ses fers!

SOLYMES.

Celui qui nous soûmit commande à la Victoire,
Il soûmettra tout l'Univers.

TOUS.

Disons cent fois ce qu'on ne peut trop dire;
Heureux qui vit sous son Empire!

Les Amazones & les Solymes commencent ici leurs Danses, & chantent ensuite les Paroles suivantes, dont chaque couplet se chante après une Entrée.

AMAZONES & SOLYMES.

Faisons cesser nos allarmes,
Goûtons les biens que rend la liberté:
Celui, dont chacun craint les armes,
A fait finir notre captivité.
Un sort si plein de charmes
Met notre gloire enfin en sûreté.

Rompons le cours de nos larmes,
Nos déplaisirs ont assez éclaté.
Celui, dont chacun craint les armes,
A fait finir notre captivité.
Un sort si plein de charmes
Met notre gloire enfin en sûreté.

Fin du premier Acte.

ACTE SECOND.

Le Theatre represente un Jardin délicieux, au milieu duquel paroît un Berceau en forme de Dôme, soûtenu à l'entour de plusieurs Termes. Au travers du Berceau on découvre trois Allées, dont celle du milieu est terminée par un superbe Palais en éloignement ; les deux autres finissent à perte de vûë.

SCENE PREMIERE.

PHILONOE', DEUX AMAZONES.

PHILONOE'.

AMour, mes vœux sont satisfaits,
Il m'est doux de porter tes chaînes,
Et j'oublie aujourd'hui les peines
Qui de mon cœur avoient troublé la paix ;
Cruelles inquietudes,
Soûpirs languissants,
Si j'ai souffert vos tourments les plus rudes,
Je n'ai pas trop payé les douceurs que je sens.

PREMIERE AMAZONE.

Les douceurs que l'Amour fait trouver dans ses chaînes
Aux plus heureux Amants ont coûté des soûpirs.

DEUXIE'ME AMAZONE.

Les plaisirs qui n'ont point commencé par les peines
Ne sont jamais de vrais plaisirs.

PHILONOE'.

Chantez, chantez la valeur éclatante
Du plus grand des Heros;
Si la Lycie est triomphante,
C'est à lui qu'elle doit sa gloire & son repos.

PREMIERE AMAZONE.

Que de Lauriers sur une seule tête!
Avec lui la Victoire a peine à respirer.

DEUXIE'ME AMAZONE.

De l'Univers entier il eut fait la conquête,
Si son grand cœur n'eût sçû le moderer.

ENSEMBLE.

Chantons, chantons la valeur éclatante
Du plus grand des Heros;
Si la Lycie est triomphante,
C'est à lui qu'elle doit sa gloire & son repos. 24

SCENE II.

BELLEROPHON, PHILONOE', AMAZONES.

BELLEROPHON.

PRinceſſe, tout conſpire à couronner ma flâme,
Tout s'aprête pour mon bonheur.
Sentez-vous les plaiſirs qui regnent dans mon ame,
Et les mêmes tranſports charment-ils votre cœur ?

PHILONOE'.

L'Amour qui nous unit par de ſi douces chaînes,
A dés long-tems uni tous nos deſirs :
A vos ſoûpirs cent fois j'ai mêlé mes ſoûpirs ;
Et ſi j'ai partagé vos peines,
Je dois partager vos plaiſirs.

BELLEROPHON.

Qu'un ſi doux aveu doit me plaire !
Qu'il rend mon deſtin glorieux !

PHILONOE'.

Quand ma bouche pourroit ſe taire,
L'Amour feroit parler mes yeux.

ENSEMBLE.

Que tout parle à l'envi de nôtre amour extrême :
A ces tranſports abandonnons nos cœurs ;
Et pour goûter toujours de nouvelles douceurs,
Diſons-nous cent fois je vous aime.

PHILONOE' *voyant Stenobée.*

Prince, adieu ; mon devoir m'appelle auprés du Roi.
Je vous laiſſe le ſoin d'entretenir la Reine.

BELLEROPHON.

Quel cruel ſupplice pour moi !

SCENE III.

STENOBE'E, BELLEROPHON, ARGIE.

STENOBE'E.

Ma préſence ici te fait peine.

BELLEROPHON.

Il eſt vrai, je fremis, lorſque je vous revoi :
Quel deſtin ennemi vous ameine en Lycie ?
Y venez-vous chercher à troubler mon repos ?
Vous m'avez fait bannir d'Argos,
Ne verrai-je jamais votre haine adoucie ?

STENOBE'E.

S'il te ſouvient des maux que je t'ai faits,
Qu'il te ſouvienne auſſi de ma tendreſſe extrême ;
Ne me reproche point Ingrat que je te hais,
Ou reproche-moi que je t'aime.

J'ai tâché de te perdre, & j'ai crû le vouloir,
J'ai ſuivi les tranſports d'une aveugle vangeance ;
Mais plus à mon amour j'ai fait de violence,
Plus ſur mon cœur il a pris de pouvoir,
Et je ne t'ai jamais haï, qu'en apparence.

BELLEROPHON.

Vous m'avez sans relâche accablé de malheurs,
Je n'ay point reconnu l'amour dans vos fureurs.
Si l'amour quelquefois s'abandonne à la rage,
Il est toûjours amour, même quand il outrage :
Mais vous toûjours constante à me persecuter,
Vous n'avez épargné ma gloire ni ma vie,
    Et je ne dois rien écouter
    De ma plus mortelle Ennemie.

SCENE IV.

STENOBE'E, ARGIE.

STENOBE'E.

TU me quittes, Cruel! arrête. Il ſuit helas!
Mon amour voit ſa honte, & n'en profite pas.

Vous ne ſçauriez guerir le mal qui me tourmente,
Foibles Retours d'un impuiſſant dépit;
Des mépris d'un Ingrat ma flâme ſe nourrit,
Elle devroit s'éteindre, & devient plus ardente.
L'amour trop heureux s'affoiblit;
Mais l'amour malheureux augmente.

ARGIE.

Quoy, vous pourrez toûjours ſouffrir
Qu'on vous brave, qu'on vous dédaigne?

STENOBE'E.

Non, il faut dans ſon ſang que mon amour s'éteigne,
Perdons tout, faiſons tout perir.

SCENE V.

STENOBE'E, AMISODAR, ARGIE.

STENOBE'E.

Vous me jurez ſans ceſſe une amour éternelle.
Croiray-je, Amiſodar, croiray-je vos ſermens ?
Me ſerez-vous aſſez fidele,
Pour ne refuſer rien à mes reſſentimens ?

AMISODAR.

Lorſque l'amour vous aſſervit mon ame,
Votre inſenſible cœur devroit ſe contenter
De ne pas répondre à ma flâme ;
Pourquoy me faire encor l'outrage d'en douter ?
Vos froideurs, votre indifference
Me touchent moins que cette offence,
Je meurs pour vos divins appas,
Et viens vous demander pour toute récompenſe,
Que vous n'en doutiez pas.

STENOBE'E.

Bellerophon m'a fait une mortelle injure,
Le Roy la connoît & l'endure.
Il le choiſit pour Gendre au lieu de le punir,
Troublons l'hymen qui ſe prépare,
Par une vangeance barbare,

Dont le ſeul ſouvenir
Faſſe trembler tout l'avenir.

AMISODAR.

Je puis de la nuit infernale,
Faire ſortir un Monſtre furieux :
Mais vous-même tremblez d'exercer en ces lieux
Une vangeance ſi fatale.
Préparez-vous à voir nos peuples allarmez,
Et nos villes tremblantes.
Le Monſtre couvrira de torrens enflâmez
Nos campagnes fumantes,
Et nos champs ne ſeront ſemez
Que de reſtes affreux de victimes ſanglantes.

STENOBE'E.

Que ce ſpectacle ſera doux
A la fureur qui me tranſporte !
Hâtez-vous, hâtez-vous,
De ſervir mon courroux,
Faites ouvrir la terre, & que le Monſtre en ſorte.
Hâtez-vous, hâtez-vous,
De ſervir mon courroux.

AMISODAR.

Juſqu'au fond des enfers je vais me faire entendre,
Fuyez, Reine, fuyez ;
Vos yeux ſeront trop effrayez
De l'horreur qu'en ces lieux mes charmes vont répandre.

SCENE VI.

AMISODAR.

QUe ce Jardin ſe change en un deſert affreux.

Le Jardin diſparoît, & l'on voit en ſa place une eſpece de priſon horrible, taillée dans les Rochers, & percée à perte de vüe, avec pluſieurs chaînes, cordages, & grilles de fer qui la rempliſſent de toutes parts.

Noires Habitans du ſéjour tenebreux ;
Pour m'écouter dans vos demeures ſombres,
Redoublez, s'il ſe peut, le ſilence des Ombres.
Et vous à me ſervir employez tant de fois,
Miniſtres de mon Art, accourez à ma voix.

Quatre Magiciens & quatre Magiciennes paroiſſent, & témoignent en danſant, l'ardeur avec laquelle ils ſe préparent à ſervir AMISODAR. *Aprés cette Entrée, d'autres Magiens au nombre de quatorze, viennent faire avec luy la Scene ſuivante.*

SCENE VII.

AMISODAR, MAGICIENS.

Quatorze MAGICIENS *chantants, un* SORCIER *dansant seul, quatre autres* SORCIERS *dansants, quatre* SORCIERES *dansantes.*

MAGICIENS.

PArle, nous voilà prêt, tout nous sera possible.

AMISODAR.

Faisons sortir un Monstre horrible.
Pour l'évoquer employez l'Acheron,
Le Coçyte, le Phlegeton;
Faites que votre voix dans tout l'Enfer raisonne:
C'est moy qui vous l'ordonne.

Les Magiciens se jettent icy contre terre pour l'évocation.

MAGICIENS.

Par ce pressant commandement,
Promptement, promptement,
Que le Tenare s'ouvre,
Que l'Enfer se découvre;
Cocyte, Phlegeton, il nous faut du secours;

Pour nous entendre, arrêtez votre cours.

AMISODAR.

Pourſuivez. Que pour moy votre pouvoir éclate;
Par Cerbere & la triple Hécate;
Parlez, preſſez, appellez, à grand bruit,
Et la Mort & la Nuit.

Les Magiciens ſe jettent de nouveau contre terre.

MAGICIENS.

Nuit, Mort, Cerbere, Hécate, Erebe, Averne,
Noires Filles du Stix, que la fureur gouverne,
Entendez nos cris, ſervez-nous,
Nous travaillons pour vous.

AMISODAR.

Le charme eſt fait, les Monſtres vont paroîrre,
La terre s'ouvre & me le fait connoître.
Rendons aux ſombres Déïtez
Les honneurs que de nous elles ont meritez.

il n'en a demandé qu'un pourquoi en sort-il trois.

La terre s'ouvre, & on voit ſortir trois Monſtres qui s'élevent au-deſſus de trois buchers ardents, l'un en forme de Dragon, l'autre de Lyon, & le dernier de Bouc. Trois des Magiciens montent deſſus: Aprés quoi les quatre qui ont déja danſé font une nouvelle Entrée avec les quatres Magiciennes, pour marquer leur joye de ce que le charme a réuſſi. Leur danſe étant finie, les trois Magiciens qui ſont ſur les

Monstres chantent alternativement les Paroles suivantes avec les autres Magiciens.

MAGICIENS.

La terre nous ouvre
Ses gouffres profonds!
L'Enfer se découvre.
Chantons, triomphons,
On voit l'onde noire,
Pour nous s'arrêter.
Victoire, victoire, victoire.
Nous avons la gloire
De tout surmonter.
Triomphe, victoire,
Triomphe, victoire,
Nous avons la gloire
De tout surmonter,
Non, non, rien ne peut nous résister.

AMISODAR.

Un Monstre seul causeroit plus d'effroy,
Il faut unir ces trois Monstres ensemble;
Par un charme plus fort & plus digne de moy,
Faisons qu'un seul corps les assemble;
Pour en venir à bout, descendons aux Enfers,
Les gouffres nous en sont ouverts.

Tout s'abîme, & la terre s'ouvre.

FIN DU SECOND ACTE.

ACTE III.

Le Théatre repreſente le veſtibule du Temple fameux, où APOLLON *rendoit ſes oracles dans la Ville de Patare. Ce Temple paroît d'abord fermé dans le fond, & ne s'ouvre que lorſque la Cérémonie commence à paroître.*

SCENE PREMIERE.

STENOBE'E, ARGIE.

ARGIE.

QUe vous faites couler & de ſang & de larmes
Dans ces triſtes climats !
Tout tremble, tout eſt en allarmes.
On voit regner par tout l'image du trépas.

Et le Monſtre animé par la force des charmes
Marque de mille morts la trace de ſes pas.

STENOBE'E.

Lieux déſolez, & remplis de carnage,
Campagne, où le Monſtre a ſemé tant d'horreur,
Ne me reprochez point ma jalouſe fureur,
Dont votre embraſement eſt le fatal ouvrage;
L'amour deſeſperé qui regne dans mon cœur
Vous vange aſſez de ce ravage.

ARGIE.

Quoy, vous ne goûtez point la ſecrette douceur
D'avoir troublé l'Hymen qui vous outrage?

STENOBE'E.

Impuiſſante Vangeance! inutile Secours!
De quoy peux-tu ſervir quand on aime toûjours?
Les plus cruels tranſports que la fureur inſpire
Conſolent mal un amour outragé.
Ce malheureux amour, aprés s'eſtre vangé,
N'en fait pas moins ſentir ſon tyrannique empire.
Impuiſſante Vangeance! inutile Secours!
De quoy peux-tu ſervir quand on aime toûjours? 22

SCENE II.

LE ROY, STENOBE'E, ARGIE.

LE ROY.

Que de malheurs accablent la Lycie !
Si le Ciel luy gardoit de ſi funeſte coups,
Avant qu'il fit ſur elle éclater ſon courroux,
Que ne m'a-t-il ôté la vie ?
Je ne vois en tous lieux que des marques d'effroy,
Que des objets qui m'épouvantent,
Et je partage, comme Roy,
Les maux que mes Sujets reſſentent.

STENOBE'E.

Quand vous voyez vos peuples abbatus,
Reconnoiſſez du Ciel la juſtice ſuprême.
Vous n'avez pas vangé l'injure de Pretus,
Il la vange luy-même.
Bellerophon victorieux
Cauſe tous les malheurs dont votre cœur ſoûpire,
C'eſt contre luy ſeul que les Dieux
Ont envoyé le Monſtre furieux,
Qui déſole tout votre Empire.
Que ſa valeur en délivre ces lieux,
Puiſque ſon crime vous l'attire.

SCENE III.

LE ROY, BELLEROPHON.

BELLEROPHON.

Vous venez conſulter l'oracle d'Appollon ?

LE ROY.

Je viens luy demander ce qu'il faut que j'eſpere ;
De mes états, c'eſt le Dieux tutelaire,
Il écoûte ma voix, quand j'implore ſon nom.

BELLEROPHON.

Ce Dieu, qui cherit la Lycie,
Dans ſes malheurs voudra la ſecourir,
Et l'encens qu'en ces lieux vous luy venez offrir,
Rendra du Ciel la colere adoucie ;
Mais quand le Monſtre immole à ſa fureur
Tout le ſang qu'il trouve à répandre,
Verray-je ſans rien entreprendre,
Que par luy dans ces lieux tout ſoit remply d'horreur !

LE ROY.

Ah ! Prince, ſongez-vous que trois Monſtres enſemble,
Sont unis dans ce Monſtre affreux ?
A ſon aſpect, il n'eſt rien qui ne tremble,
De ſa brulante haleine il pouſſe mille feux.

BELLEROPHON.

Ces trois Monſtres unis n'ont rien qui m'épouvante ;
Plus le combat coûte au Vainqueur,
Plus la victoire eſt éclatante,
Et c'eſt ce qui flate un grand cœur.

SCENE IV.

LE ROY, PHILONOE', BELLEROPHON.

PHILONOE'.

SEigneur, à votre voix je viens joindre la mienne,
Aux vœux que vous offrez je viens mêler mes pleurs;
Et demander au Ciel que la Lycie obtienne
La fin de ses malheurs.

LE ROY.

Contre le Monstre qui les cause,
Bellerophon veut employer son bras:
Consentirez-vous qu'il s'expose?

PHILONOE'.

Ah! vous-même; Seigneur, vous n'y consentez pas;
Souffrirez-vous qu'il coure, où la mort est certaine?

BELLEROPHON.

On court à la victoire en s'exposant pour vous,
Croyez-en l'ardeur qui m'entraîne.
Helas! sans les frayeurs dont la Lycie est pleine,
Je serois déja votre Epoux.

PHILONOE'.

Esperons tout des Dieux; un violent orage
Amene quelquefois le calme le plus doux.

LE ROY.

Le Temple s'ouvre, entrons, & par un juste hommage,
Meritons que le Ciel appaise son courroux.

LE SACRIFICATEUR *paroît avec ses Ministres, & un grand nombre de Peuples qui entrent dans le Temple en dansant.*

SCENE V.

LE ROY, BELLEROPHON, PHILONOE', SACRIFICATEUR, MINISTRES *du Temple.*

Le grand Sacrificateur, quatre hommes portants des haches, quatre hommes portants des buires, huit Sacrificateurs, quatre enfans assistans au Sacrifice, quatre Prestresses, APOLLON, *six Flûtes de la suite du Sacrifice, huit assistans du Sacrifice.*

CHOEUR DE PEUPLES.

LE malheur qui nous accable
Demande un Dieu favorable:
Entens-nous, grand Apollon,
Par la défaite du Serpent Python;
Par l'éclat de la gloire
Qui suivit ta victoire,
Vien nous secourir.
Hâte-toy, sauve-nous, ou nous allons perir.

SECONDE ENTRE'E.

Nos soûpirs te font connoître
Le malheur qui les fait naître:
Entens-nous, grand Apollon,
Par la défaite du Serpent Python,
Par l'éclat de la gloire
Qui suivit ta victoire,
Vien nous secourir;
Hâte-toy, sauve-nous, ou nous allons perir.

SACRIFICATEUR.

Reçoi, grand Apollon, reçoi ce ſacrifice,
Fai que le Ciel nous ſoit propice.

CHOEUR DE PEUPLES.

D'un cœur ſoûmis nous t'adreſſons nos vœux,
Ecoûte un Peuple malheureux.

SACRIFICATEUR *verſant du vin ſur la tête de la victime.*

Par ce vin répandu, fai ceſſer nos allarmes,
Arrête le cours de nos larmes.
Tu vois quel triſte ſort nous accable aujourd'huy;
Prête-nous ton appuy.
Vous, qu'à me ſeconder un zele ardent anime,
Avancez, il eſt temps d'immoler la victime.

Les Miniſtres du Temple s'avancent auprés du Sacrificateur, & immolent la victime.

CHOEUR DE PEUPLES.

Dieux, qui connoiſſez nos malheurs,
Laiſſez-vous toucher de nos pleurs.

SACRIFICATEUR *montrant le cœur de la victime.*

Eſperons, je ne vois que ſignes favorables,
Nos vœux au Ciel doivent être agreables,

Il jette le cœur & les entrailles dans le feu.

CHOEUR DE PEUPLES.

Aprés un augure ſi doux,
Tâchons de meriter, que les Dieux ſoient pour nous.

Le Peuple danse icy à l'entour du feu, & chante ensuite ce premier couplet.

Montrons notre allegresse,
Ne parlons plus de chagrin ;
Renonçons à la tristesse,
Nos malheurs vont prendre fin.
Quand le Ciel est propice à nos vœux,
Bannissons l'ennuy qui nous presse,
Nous allons tous être heureux.

Le Peuple continuë sa danse, & chante le second couplet.

Le Ciel veut qu'on espere,
Il adoucit son courroux :
Notre hommage a sçû luy plaire,
Tout s'est déclaré pour nous.
Bannissons les soupirs de ces lieux ;
Ne craignons plus rien de contraire,
Nos maux ont touché les Dieux.

SACRIFICATEUR.

Tout m'apprend qu'Apollon dans nos vœux s'interesse,
Redoublez à l'envy vos marques d'allegresse.

Le Peuple commence une nouvelle danse à l'entour du feu, & chante les Paroles qui suivent.

CHOEUR

CHOEUR DE PEUPLES.

Assez de pleurs
Ont suivi nos malheurs;
De notre zele
Voy l'ardeur fidele.
C'est en toy seul, que notre espoir est mis:
Vien de nos maux adoucir les atteintes:
Fini nos plaintes,
Calme nos craintes:
Fléchi pour nous les Destins ennemis:
L'Amour languit, troublé de nos allarmes;
Rappelle icy tous ses charmes,
Toy, que ses traits ont tant de fois soûmis.
Un Monstre affreux
Nous rend tous malheureux.
Fay de sa rage
Cesser le ravage.
C'est en toy seul, que notre espoir est mis;
Vien, de nos maux adoucir les atteintes:
Fini nos plaintes,
Calme nos craintes,
Fléchi pour nous les Destins ennemis:
L'Amour languit, troublé de nos allarmes;
Rappelle icy tous ses charmes,
Toy, que ses traits ont tant de fois soûmis.

SACRIFICATEUR.

Digne Fils de Latone, & du plus grand des Dieux,

Parle, & daigne regler le destin de ces lieux.

L'Autel qui a paru s'enfonce, & la PYTHIE *sort de son antre les cheveux épars, en même temps on entend de grands éclats de tonnerre: Le Temple tremble, & on le voit tout brillant d'éclairs.*

LA PYTHIE.

Gardez tous un silence extrême,
Apollon vous entend, & va parler luy-même;
Son approche déja fait briller les éclairs,
Entendez raisonner le sifflement des airs,
Ecoutez le bruit du tonnerre,
Voyez trembler, & le Temple, & la Terre.
Il va paroître, je le voy;
A son aspect frémissez comme moy.

La PYTHIE *se panche vers la terre, tandis qu'*APOLLON *paroît en statuë d'or, & prononce l'Oracle qui suit.*

APOLLON.

Que votre crainte cesse;
Un des Fils de Neptune appaisera pour vous
Le celeste courroux:
Pour l'en recompenser, il faut que la Princesse
Le prenne pour Epoux.

La PYTHIE *s'enfonce dans l'antre d'où elle est sortie.* APOLLON *disparoît, & le peuple se retire.*

LE ROY.

à BELLEROPHON, *& à* PHILONOE'.

Vous l'avez entendu, je n'ay rien à vous dire,
Je plains vos déplaisirs, comme vous j'en soûpire;
Mais rien n'est préferable au repos de ces lieux:
Soûmettons-nous aux Dieux.

SCENE VI.

BELLEROPHON, PHILONOE'.

BELLEROPHON.

DAns quel accablement cet Oracle me laisse !

PHILONOE'.

Ah ! cruelle surprise !

BELLEROPHON.

O funeste revers !
Quoy ! je vous perds, belle Princesse !

ENSEMBLE.

Helas ! n'avons-nous eû le destin favorable,
Que poûr mieux ressentir le coup qui nous accable ?

BELLEROPHON.

Mes vœux alloient être contents.

PHILONOE'.

Jamais sort n'eût été plus heureux que le nôtre.

ENSEMBLE.

Qui croiroit que deux cœurs si tendres, & si constants,
Ne fussent pas destinez l'un pour l'autre ?

BELLEROPHON.

Vous ne serez donc point à moy ?
Quel prix d'une ardeur si fidele !

PHILONOE'.

N'y pensons plus.

BELLEROPHON.

Quoy ? vous pourrez, Cruelle,

Engager ailleurs votre foy.

PHILONOE'.

Brisez, brisez une fatale chaîne.
Quand j'ay reçû l'hommage de vos vœux,
Je croyois que le Ciel consentiroit sans peine,
Que l'Hymen nous rendît heureux,
Et je n'attendois pas l'Oracle rigoureux
Qui nous sacrifie à sa haine.

BELLEROPHON.

Non, non, quoiqu'il ait ordonné,
On ne verra jamais que mon amour s'éteigne.
Je n'examine point ce qu'il faut que je craigne
De l'Oracle fatal qui vient d'être donné:
Que le destin jaloux d'une flâme si belle
Me porte encor des coups plus rigoureux;
Au moins je puis être fidele,
Si je ne sçaurois être heureux.

PHILONOE'.

Se peut-il que le Ciel contre un amour si tendre,
Exerce toutes ses rigueurs?

BELLEROPHON.

De ses ordres cruels, l'amour doit-il dépendre?

ENSEMBLE.

Aimons-nous, malgré nos malheurs,
Ce n'est pas au Destin à séparer les cœurs.

FIN DU TROISIE'ME ACTE.

ACTE IV.

Des Rochers fort hauts & fort escarpez couverts de sapins. & d'autres arbres solitaires, font la décoration de cet Acte. Au fonds du Théatre paroît un Rocher de la même hauteur, & garni des mêmes arbres. Il est percé par trois Grottes, au travers desquelles on découvre un Païsage à perte de vûë.

SCENE PREMIERE.

AMISODAR.

QUel spectacle charmant pour mon cœur amoureux !
Ces morts de tous côtez étendus dans les plaines,
Me sont de sûrs garands de la fin de mes peines ;
Tout périt pour me rendre heureux.

Fontaines tariſſez ; embraſez-vous Montagnes,
Brulez, Foreſts, ſechez Campagnes,
Toutes les horreurs que je voy
Sont autant de ſujets de triomphe pour moy.
Quand on obtient ce qu'on aime,
Qu'importe, qu'importe à quel prix ?
Que tout l'Univers ſurpris,
Condamne l'amour extrême
Qui coûte tant de ſang, de larmes & de cris,
Quand on obtientient ce qu'on aime,
Qu'importe, qu'importe à quel prix ?

SCENE II.

ARGIE, AMISODAR.

ARGIE.

IL faut pour contenter la Reine
Rendre le Monſtre à l'éternelle nuit ;
Bellerophon au deſeſpoir réduit,
S'appreſte à le combattre, & ſa perte eſt certaine;
Mais cette prompte mort finit trop tôt ſa peine,
Quand un fatal Oracle eſt contraire à ſes vœux,
S'il ne ſouffre long-temps, il n'eſt point malheureux;
Puiſqu'un Fils de Neptune épouſe la Princeſſe,
Laiſſez vivre l'Ingrat dans ſes jaloux tranſports;
Voir aux mains d'un Rival l'objet de ſa tendreſſe,
C'eſt tous les jours endurer mille morts.

AMISODAR.

Le laisser vivre ! ô Dieux ! que faut-il que je pense ?
Je vois pour luy la Reine s'allarmer,
Lorsque sa mort est preste à remplir sa vangeance :
Est-ce le haïr, ou l'aimer ?

ARGIE.

Montrez que votre cœur ne cherche qu'à luy plaire,
Pourquoy pénetrer dans le sien ?
Quand l'objet aimé parle, un Amant doit tout faire,
Et n'examiner rien.

AMISODAR.

Non, non, que mon Rival perisse,
Est-ce à moy d'empêcher qu'il ne perde le jour ?

ARGIE.

Il faut faire à la Reine encor ce Sacrifice,
Ou renoncer à votre amour.

VOIX *derriere le Théatre.*

Tout est perdu, le Monstre avance ;
Sauvons-nous, sauvons-nous.

AMISODAR.

Le Monstre approche, éloignez-vous.

ARGIE.

Ciel, contre sa fureur embrasse ma défense,

SCENE III.

UNE NAPE'E, & UNE DRYADE.

ENSEMBLE.

Plaignons, plaignons les maux qui désolent ces lieux,
Les pleurs, qu'ils font couler, devroient toucher les Dieux.

DRYADE.

Il n'est plus d'herbes dans les plaines.

NAPE'E.

Il n'est plus d'eaux dans les fontaines.

DRYADE.

Tout perit.

NAPE'E.

Tout tarit.

DRYADE.

Quel excés d'ennuis!

NAPE'E.

Quelles peines!

ENSEMBLE.

Plaignons, plaignons les maux qui désolent ces lieux,
Les pleurs, qu'ils font couler, devroient toucher les Dieux.

SCENE IV.

DIEUX DES BOIS, UNE NAPE'E, ET UNE DRIADE.

DIEUX DES BOIS.

LEs Forests sont en feu, le ravage s'augmente,
Ce n'est par tout qu'épouvante & qu'horreur.

NAPE'E, & DRIADE.

Du Monstre, comme vous, nous sentons la fureur,
Voyez cette plaine brûlante.

DIEUX DES BOIS.

Helas! que sont-ils devenus
Ces bois dont nous faisions nos retraites tranquilles?

NAPE'E, & DRIADE.

Ces eaux qui serpentoient dans ces plaines fertiles,
Ces eaux, helas! ne coulent plus.

DIEUX DES BOIS.

Que de tristes allarmes!

NAPE'E, & DRIADE.

Que de sujets de larmes!

TOUS.

Pour adoucir le Ciel qui voit tant de malheurs,
Joignons nos soûpirs & nos pleurs.

SCENE V.

LE ROY, BELLEROPHON.

LE ROY.

AH! Prince, où vous emporte une ardeur trop guerrieres?
En vain à cent perils on vous a vû courir,
En vain votre grand nom remplit la terre entiere,
Vous cherchez un combat où vous allez périr.

BELLEROPHON.

Je ne vay point combatre un Monſtre redoutable,
Pour remplir de mon nom l'univers étonné:
Je vais, Amant infortuné,
Finir un ſort trop déplorable.
Cent fois juſqu'à ce triſte jour
J'ay hazardé ma vie en cherchant la victoire:
Ce que j'ay fait animé par la gloire,
Ne le pourray-je faire animé par l'amour!

LE ROY.

Suivre un amour trop témeraire,
C'eſt vous livrer vous-même au plus funeſte ſort.

BELLEROPHON.

Accablé de malheurs, puis-je craindre la mort?

LE ROY.

Ménagez votre vie, elle m'eſt toûjours chere:
Par ces aimables nœuds

Que je vous deſtinois avec mon Diadême ;
Par la Princeſſe même,
Accordez, accordez quelque choſe à mes vœux.
Je vais faire à Neptune offrir un Sacrifice :
Allons ſçavoir ſes volontez,
Peut-être il nous ſera propice.

BELLEROPHON.

En vain, Seigneur, vous me flatez,
Puiſqu'à ſon Fils vous devez la Princeſſe ;
Au moins, en combattant, laiſſez-moy faire voir
Que mon amour meritoit ſa tendreſſe.

LE ROY.

Ah ! que je crains pour vous ce fatal deſeſpoir !
Adieu, quand le peril ne vous peut émouvoir,
Je dois vous cacher ma foibleſſe.

On commence à voir ici tout le Païſage de l'enfoncement du Théatre remply de feu & de fumée, pour marquer le dégât que fait la Chimere dans le Païs.

SCENE VI.

BELLEROPHON.

HEureuse Mort, tu vas me secourir
Dans mon malheur extrême!
Je cours m'offrir au Monstre, assuré de perir;
Mais je m'en fais un bien suprême.
Quand on a perdu ce qu'on aime,
Il ne reste plus qu'à mourir.

On voit icy PALLAS *dans un Char de nuages, du côté droit, & en même temps paroît un au autre Char vuide, qui descend jusques sur le Théatre du côté gauche.*

SCENE VII.

PALLAS *dans son Char*, BELLEROPHON.

PALLAS.

ESpere en ta valeur, Bellerophon espere,
Pallas descend du Ciel, pour t'offrir son secours.

BELLEROPHON.

Déesse, en vain tu prens soin de me jours,
Quand la mort seule peut me plaire.

PALLAS.

Ton sort est marqué dans les Cieux,
Vien, monte dans ce Char, & t'abandonne aux Dieux.

BELLEROPHON *monte dans le Char, & est élevé sur le Ceintre avec* PALLAS. *Cependant on entend le Peuple qui exprime sa désolation par ces vers.*

CHOEUR DE PEUPLES *derriere le Théatre.*

Quelle horreur ! quelle triste ravage !
Le Monstre redouble sa rage !

Pendant qu'on entend les cris des Peuples épouvantez, la Chimere paroît au fond du Théatre, & en même-temps BELLEROPHON *monté sur Pegase, fond du haut de l'air, & aprés un premier combat avec la Chimere, il se sauve dans les airs, & traverse le Théatre.*

CHOEUR DE PEUPLES *derriere le Théatre, pendant le combat de* BELLEROPHON.

Un Heros s'expose pour nous,
Dieux, soûtenez son bras, & conduisez ses coups.

BELLEROPHON *fond une seconde fois sur la Chimere, au milieu du Théatre; & aprés qu'il a disparu un moment en s'élevant sur le Ceintre, il paroît pour la troisiéme fois sur le devant du Théatre, attaque de nouveau la Chimere, la blesse à mort, & se sauve en l'air, faisant son vol en rond, & aprés trois tours, on le voit se perdre dans les nuës: Cependant la Chimere tombe morte entre les Rochers; ce qui donne lieu à la joye que marque le Peuple par les vers suivants.*

CHOEUR DE PEUPLES *derriere le Théatre.*

Le Monstre est défait, quelle gloire!
Bellerophon remporte la victoire!

FIN DU QUATRIE'ME ACTE.

ACTE V.

Le Théatre represente une grande avant-court d'un Palais qui paroît élevé dans la gloire : On y monte par deux grands degrez qui forment les deux côtez de cette décoration en ovale, & qui sont enfermez par deux grands bâtimens d'architecture d'une hauteur extraordinaire. Les deux degrez, & les galleries qui les environuent sont remplis des Peuples de la Lycie, assemblez en ce lieu pour y recevoir BELLEROPHON, *que* PALLAS *doit y ramener aprés la défaite de la Chimere.*

SCENE PREMIERE.

LE ROY, PHILONOÉ, CHOEUR DE PEUPLES.

LE ROY.

PRéparez vos chants d'allegresse,
Peuples, c'est en ce lieu que pour notre bonheur,

Pallas doit ramener un illuſtre Vainqueur
Que le Ciel pour Epoux deſtine à la Princeſſe.
Enfin nos vœux ont réüſſi,
Un Oracle confus faiſoit notre infortune;
Mais cet Oracle eſt éclaircy,
Bellerophon eſt le Fils de Neptune.
Pour nous le déclarer dans ſon Temple, à nos yeux,
Ce Dieu des Mers vient de paroître;
Luy-même pour ſon ſang a daigné reconnoître
Ce Heros glorieux.
D'une Nymphe jalouſe, il craignit la colere,
Et quand Bellerophon reçût de luy le jour,
Il voulut que Glaucus feignît d'être ſon Pere;
Il revient triomphant, celebrez ſon retour.

CHOEUR DE PEUPLES.

Vien, digne ſang des Dieux, joüir de ta victoire,
Chacun eſt charmé de ta gloire,
Et pour chanter tes grands exploits,
Nous allons tous joindre nos voix.

LE ROY.

Et toy, ma Fille, abandonne ton ame
Aux tranſports de ta flâme.
Bellerophon t'eſt donné pour époux.

PHILONOE'.

Aprés tant de rudes allarmes,
Pouvons-nous trop goûter les charmes
D'un changement ſi doux?

LE ROY.

LE ROY.

Qu'il est grand ce Heros qui ne voit point d'obstacles,
Que le sort contre lui ne forme vainement !

PHILONOE'.

Pour tout vaincre, il suffit qu'un Heros soit Amant,
La valeur & l'Amour font toujours des miracles.

TOUS DEUX.

La valeur & l'amour font toujours des miracles.

CHOEUR DE PEUPLES.

O jour pour la Lycie à jamais glorieux,
Où le sang de nos Rois s'unit au sang des Dieux ! 33

SCENE. II.

LE ROY, STENOBE'E, PHILONOE', ARGIE, CHOEUR DE PEUPLES.

LE ROY.

VEnez-vous partager l'allegresse publique ?
Enfin pour nous le Ciel s'explique ;
Neptune a reconnu Bellerophon pour Fils.

STENOBE'E.

Je sçai tout. Dieux cruels, vous l'avez donc permis?

LE ROY.

Bellerophon cause-t'il cette plainte ?

STENOBE'E.

C'est lui seul, il est vrai, qui fait mon desespoir.
Du plus ardent amour j'eus pour lui l'ame atteinte,
Et pour toucher son cœur j'ai manqué de pouvoir.
Toujours l'Ingrat dédaigna ma tendresse ;
Prête à le voir enfin épouser la Princesse,
J'ai voulu renverser vos odieux projets.
Amisodar m'aimoit, j'ai fait agir ses charmes,
Et le Monstre pour lui remplissant tout d'allarmes,
N'a versé que pour moi le sang de vos Sujets.

LE ROY.

Le Traître! qu'on l'arrête.

STENOBE'E.

Il s'est mis par la fuite
A couvert de votre poursuite ;
Mais il traîne avec lui son crime & son amour.

LE ROY.

Quoi, le Ciel souffre encor que vous voyez le jour?

STENOBEE.

J'ai prevenu tout ce que peut ſa haine,
La juſtice que je me rends
Me fait par le poiſon mettre fin à ma peine.
Je le ſens déja qui coule de veine en veine,
Déja le jour ſe cache à mes regards mourants.

Vous, de qui la rigueur m'a toujours pourſuivie
Avec ſes plus funeſtes traits,
Dieux inhumains, j'abandonne la vie;
Eſtes-vous ſatisfaits?

Et toi, cruel amour, reçois une victime
Que tu cherchois à t'immoler;
Je meurs pour expier le crime
Des feux dont tu m'as fait brûler,
Je n'ai pû m'affranchir de ton barbare empire
Qu'en renonçant au jour;
Voi mes derniers ſoûpirs, impitoyable Amour,
J'expire.

PHILONOE.

Quel excès de fureur!

LE ROY.

Sa mort en eſt le prix,
Mais oublions & ſon crime & ſa peine;
Voici Bellerophon que Pallas nous ramene,
Son triomphe doit ſeul occuper nos eſprits.

On voit Pallas dans un Char, & Bellerophon avec elle. Tandis qu'elle deſcend, le Peuple marque ſa joye par le ſon des Tymballes, des Trompettes & de tous les autres Inſtruments.

SCENE III.

PALLAS, LE ROY, BELLEROPHON, PHILONOE', CHOEUR DE PEUPLES.

PALLAS.

Connoissez le Fils de Neptune
Dans cet jeune Heros.
A sa seule valeur vous devez le repos
Qui succede à votre infortune;
Pallas le ramene en ces lieux.
C'est lui qui doit épouser la Princesse,
Faites-en tous paroître une entiere allegresse,
Et rendez grace aux Dieux.

Bellerophon descend du Char, & Pallas est enlevée sur le Ceintre.

BELLEROPHON *à Philonoé.*

Enfin je vous revoi, Princesse incomparable.

PHILONOE'.

O changement à mes voeux favorable!

TOUS DEUX.

Quel plaisir de voir en ce jour
Le Destin ceder à l'Amour!

LE ROY.

Joüissez des douceurs que l'Hymen vous prépare,
Vivez heureux, vivez toujours Amants:
Que tous vos moments
Soient doux & charmants,
Et qu'un bonheur sans fin repare,
Ce qu'un sort rigoureux vous causa de tourments.

On entend ici les Tymballes & les Trompettes, & tous les autres Instruments dont le son se mêle aux acclamations du Peuple qui chante les Vers suivants.

CHOEUR DE PEUPLES.

Le plus grand des Heros rend le calme à la Terre,
Il faut cesser les horreurs de la Guerre.
Joüissons à Jamais
Des douceurs de la paix.

Neuf Lyciens se détachent, & font ici une entrée après laquelle le Peuple chante les deux couplets qui suivent au même son des Tymballes, des Trompettes, & de tous les autres Instruments.

CHOEUR DE PEUPLES.

Les plaisirs nous preparent leurs charmes,
Ne songeons plus qu'à passer de beaux jours:
Si le Ciel nous fait verser des larmes,
Un heureux sort en arrête le cours.
Puisqu'un Heros fait cesser nos allarmes,
Cherchons les Jeux, les Ris & les Amours.

Second Couplet.

Que la paix qui ſuccede à la peine
Fait aiſément oublier les ſoûpirs !
Si le Ciel nous ſoûmit à ſa haine,
Un heureux ſort ſatisfait nos deſirs :
Dans les beaux jours qu'un Heros nous ramene,
Cherchons les Ris, les Jeux & les Plaiſirs.

Fin du cinquiéme & dernier Acte.

APPROBATION.

J'Ay lû par ordre de Monſeigneur le Chancelier *la vie & le Theatre de Quinault.* J'ai crû que le Public en verroit avec plaiſir cette nouvelle Edition. Fait à Paris, ce premier Mai, mil ſept cent quatorze. Signé BURETTE.

De l'Imprimerie de JEAN-BAPTISTE LAMESLE, ruë du Foin, à la Minerve. 1717.

.CATALOGUE

DES LIVRES NOUVEAUX qui se vendent à Paris chez PIERRE RIBOU, seul Libraire de l'Académie Royale de Musique, Quay des Augustins, vis à vis la descente du Pont-Neuf, à l'Image S. Loüis.

DIctionaire pratique du bon Menager de Campagne & de Ville, qui apprend generalement la maniere de nourrir, élever & gouverner, tant en santé que malades, toutes sortes de Bestiaux, Chevaux & Volailles; de sçavoir mettre à son profit tout ce qui provient de l'Agriculture; de faire valoir toutes sortes de Terres, Prez, Vignes & Bois; de cultiver les Jardins, tant Fruitiers, Potagers, que Jardins Fleuristes; de conduire les Eaux, & faire generalement tout ce qui convient aux Jardins d'Ornemens: Avec un Traité de tout ce qui concerne la Cuisine, les Confitures, la Pâtisserie, les Liqueurs de toutes sortes; les Chasses differentes, la Pêche, & autres divertissemens de la Campagne; les mots Latins de tout ce qu'on traite dans ce Livre, & quelques Remarques curieuses sur la plûpart; le tout en faveur des Etrangers, & de tous ceux qui se plaisent à ces sortes de lectures. Ouvrage tres-utile dans les Familles. Par le Sieur *Loüis Liger*, in 4. 2. *vol.* 10. l.

Abregé Chronologique de l'Histoire de France, *par le Sieur de Mezeray*, Historiographe de France. Nouvelle édition, augmentée de l'origine des François, & de leur établissement dans les Gaules; de l'état de la Religion, & de la conduite de l'Eglise dans les Gaules jusqu'au regne de Clovis, & de la Vie des Reines que l'on a tirée de sa grande Histoire imprimée en 1685. en 3. vol. in folio. In quarto 3. vol. 25. l.

——— *Idem* in 12. 10. vol. 25. l.

Numismata Ærea Imperatorum, Augustarum & Cæsarum in Coloniis, municipiis, & urbibus, jure latio donatis, ex omni modulo percussa, Auctore Joanne Foy-Vaillant Bellovaco, Doctore Medico, & Serenissimi Ducis Cenomanensium Antiquario Paris. excusa, in fol. 2. *vol.* 36. l.

Vies des Saints, *par Ribadeneira*, *fol.* 2. *vol.* 15. l.

Les Loix Civiles dans leur ordre naturel, le Droit public, & *Legum delectus*, *fol.* 2. *vol.* 20. liv.

——— Les mêmes, *in* 4. 6. *vol.* 36. l.

L'Art de Tourner, ou de faire en perfection toutes sortes d'Ouvrages au Tour: ouvrage tres-curieux & tres-necessaire à ceux qui s'exercent au Tour; Latin & François, *fol.* 15. l.

Œuvres diverses du Sieur D. . . . avec un Recueil de Poësies choisies de M. de B . . . 2. vol. in 12. 5. l.

Traité de la Police où l'on trouvera l'histoire de son établissement, les fonctions & les prérogatives de ses Magistrats toutes les Loix & tous les Reglemens qui la concernent. On y a joint une description Topographique de Paris & huit plans gravez qui representent son ancien état & ses divers accroissemens; avec un Recueil de tous les Statuts & Reglemens des six Corps des Marchands & de toutes les Communautez des Arts & Métiers, *fol.* 2. *vol.* 50. l.

Les Œuvres de M. de la Mothe le Vayer, *in* 12. 15. *vol.* 36. l.

Le Diable Boiteux, *in* 12. 2 l.

Les conseils de la Sagesse, contenant les Maximes de Salomon les plus necessaires à l'homme pour se bien conduire soi-même, *in* 12. 2. *vol.* 1714. 4. l. 10. s.

Amusemens serieux & comiques, par M. du Fresny. *in* 12. 1. l. 10. s.

Les Œuvres *de Clement Marot de Cahors, Valet de Chambre du Roi*, revûës & augmentées de nouveau, *in* 12. 2. *vol.* 6. l.

Histoire de l'admirable Dom Quichotte de la Manche, *in* 12. 6. *vol. avec figures*, nouvelle Edition, continuée jusqu'à sa mort. 15. l.

La Vie de Guzman d'Alfarache, traduite de l'Espagnol, enrichie de figures, *in* 12. 3. *vol.* 7. l. 10. s.

Œuvres mêlées *de M. de Saint Evremond*, nouvelle Edition augmentée sur celle de Londres, *in* 12. 7. *vol.* 15. l.

Lucien de la Traduction *de M. d'Ablancourt*, avec des Remarques sur la Traduction, *in* 12. 3. *vol.* 6. l.

Traduction des Satyres de Perse & de Juvenal, *par le R. P. Tarteron de la Compagnie de Jesus*, nouvelle Edition, corrigée & augmentée, 1714. 2. l. 10. s.

Fables choisies, mises en Vers *par M. de la Fontaine*, enrichies de figures, *in* 12. 5. vol. 10. l.

Les mêmes en un Volume, 3. l.

Histoire de la conquête du Mexique, ou de la Nouvelle Espagne, *par Fernand Cortez*, traduite de l'Espagnol, *in* 12. 2. *vol.* nouvelle Edition, avec figures. 5. l.

Histoire de la découverte & de la conquête du Perou, traduit de l'Espagnol, *in* 12. 2. *vol.* avec figures. 4. l. 10. s.

Les Delices de l'Italie, contenant une description exacte du Pays, des principales Villes, de toutes les antiquitez, & de toutes les raretez qui s'y trouvent; Ouvrage enrichi d'un tres-grand nombre de figures, *in* 12. 4. *vol.* 12 l.

Instructions pour les Jardins fruitiers & potagers, avec un Traité des Orangers, & des reflexions sur l'Agriculture. *Par M. de la Quintinie*, Directeur des Jardins Fruitiers & Potagers du Roi; avec une nouvelle instruction pour la culture des Fleurs. Nouvelle édition, augmentée de la culture des Melons, de la maniere de tailler les Arbres fruitiers, d'un Dictionaire des Termes dont se servent les Jardiniers en parlant des Arbres, & d'une Table des matieres, 1716. *in* 4. 2. *vol.* 12. l.

Nouvelle de Miguel de Cervante, 2. liv.

Les Œuvres de Lucrece, Traduct. nouvelle, augmentée de nouvelles remarques *du Baron des Coûtures*, *in* 12. 2. *vol.* 5. l.

Traité historique des Monnoyes de France, *par M. le Blanc*, in 4. avec 100. figures, contenant les empreintes des differentes Monnoyes, 9. l.

Traduction nouvelle de Roland l'Amoureux, *par M. le Sage*, 2. vol. in 12. ornez de figures, 5. l.

Les Œuvres de Virgile en Latin & en François, *par M. de Martignac*, 3. *vol. in* 12. nouvelle Edition, 6. l.

Traduction nouvelle des Odes d'Anacreon, *par M. de la Fosse*, seconde édition, augmentée de deux Odes, l'une de Pindare & l'autre d'Horace, *in* 12. 2. l. 10. s.

Nouvelle Grammaire Espagnole, *par M. Perger*, *in* 12. 2. l. 5. s.

Histoire universelle ou Traduction nouvelle *de Justin*, avec des Remarques, *in* 12. 2. *vol.* 5. l.

Voyage d'Alep à Jerusalem, *in* 12. 2. l.

Novum Testamentum Græcum, in 18. 1. l. 16. s.

L'Esprit de l'Ecriture Sainte, *in* 12. 2. *vol.* 3. l. 10. s.

Le Comte de Cardonne, *in* 12. 1. l. 16. s.

Les Avantures galantes du Chevalier de Thenicourt, *par Madame D... in* 12. 1. l. 16. s.

Le Jeu de l'Hombre, augmenté des Décisions nouvelles, & des Regles sur les incidens de ce Jeu, nouvelle édition. *in* 12. 1. l. 10. s.

La Vie de M. de Moliere, *in* 12. 2. l.

Histoire de la Virginie, contenant celle de son établissement & de son gouvernement jusqu'à present, les productions naturelles du Pays, la Religion, les Loix & les Coutumes des Indiens naturels, *par un Auteur natif & habitant de ce pays-là*, *in* 12. enrichie de figures en taille-douce, 2. l. 5. s.

Ecole parfaite des Officiers de Bouche, qui enseigne les devoirs du Maître-d'Hôtel & du Sommelier, la maniere de faire les Confitures seches & liquides, les Liqueurs, les Eaux, les Parfums, la Cuisine, à découper les Viandes, & à faire la Pâtisserie; *huitiéme Edition*, corrigée & augmentée des Pâtes nouvelles, & des nouveaux Ragoûts qu'on sert aujourd'hui: Avec des modeles pour dresser les Services de Table, *in* 12. 1715. 2. l. 5. s.

Les Œuvres choisies *de feu M. le Noble*, 20. *vol. in* 12. sous presse. 40. l.

Stile du Conseil, *par M. Gauret*, *in* 4. 5. liv.

Code de la Marine, *in* 4. 4. l.

Contes des Fées, ou les Chevaliers Errans, & le Genie Familier, *par M. D... in* 12. 1. l. 15. s.

Traduction en vers François des Epigrammes d'Owen, *in* 12. 1. l. 10. s.

L'Ambiguë d'Auteüil, ou veritez historiques, composées du Joüeur, du Nouvelliste, du Financier, du Critique, de l'Inconnu, du Sincere, du Subtil, de l'Hypocrite, & de plusieurs autres personnages de differens caracteres, *in* 12. 1. l. 5. s.

Les Avantures d'Apollonius de Tyr, livre rempli d'évenemens, & écrit dans le même stile que Telemaque, *par M. le B .... in* 12. 2. l.

Le Voyageur Fidele, ou le Guide des Etrangers dans la Ville de Paris; qui enseigne tout ce qu'il y a de plus curieux à voir: les noms des Ruës, des Fauxbourgs, Eglises, Monasteres, Chapelles, Places, Colleges, & autres particularitez que cette Ville renferme; les Adresses pour aller de quartiers en quartiers, & y trouver tout ce qu'on souhaite, tant pour les besoins de la vie, que pour autres choses : Avec une Relation en forme de Voyage, des plus belles Maisons qui sont aux environs de Paris : le tout pour l'usage & l'utilité des Etrangers, *in 12.* 2. l. 5. s.

Les Voyages *de M. Tavernier*, derniere Edition, revûë, & corrigée de quantité de fautes, & augmentée de la Vie & mort de l'Auteur, & d'un Voyage qu'il a fait en Prusse, avec plusieurs planches nouvelles qui n'ont point paru dans les précedentes éditions, le tout dirigé par un ami de l'Auteur qui a fait plusieurs Voyages avec lui, *in 12. 6. vol.* 18. l.

Abregé de Geographie, & de tout ce qu'il y a de plus remarquable dans chacune des quatre grandes parties de la Terre, particulierement dans l'Europe & dans le Royaume de France : le tout mis en ordre pour pouvoir être apris & retenu facilement par cœur, avec les routes des postes de France & d'Espagne, dedié à S. A. S. Monseigneur le Prince de Dombes, *par M. Poncein, in 12.* 1. l. 5. s.

L'Eloge de la Folie, composée en forme de Déclamation *par Erasme de Roterdam*, avec quelques Notes de l'histoire & les belles figures de Holbenius : le tout sur l'original de l'Académie de Bâle ; piece qui represente tant au naturel l'homme tout défiguré par la sotise, lui apprend agreablement à rentrer dans le bon sens, Traduction nouvelle ; *par M. Guedeville, in 12.* 5. l.

Histoire des sept Sages, *par M. de Larrey, in 12. 2. vol.* 5. l.

Recueïl de bons mots des anciens & des modernes, nouvelle Edition augmentée, 2. l.

THEATRE DE MESSIEURS

Corneille, nouvelle Edition, augmentée & enrichie de figures en taille douce, 10. *vol. in 12.* 25. l.

Racine, nouvelle Edition, 2. *vol. in 12.* 6. l.

Campistron, nouvelle Edition, augmentée d'une Tragedie & d'une Comedie, & ornée de figures, 4. l.

De la Fosse, avec ses Poësies, 2. *vol.* 5. l.

Crébillon, 3. l.

Pradon, 3. l.

De la Grange, augmenté d'Ino & Melicerte, Tragedie, 2. l. 10. s.

Moliere, 8. *vol.* nouvelle Edition, augmentée de sa Vie, avec de nouvelles Remarques, 15. l.

Dancourt, 8. *vol.* nouvelle Edition, augmentée de plusieurs Pieces qui n'avoient point été imprimées dans les Editions précedentes, avec figures & musique, 15. l.

Regnard, 2. *vol.* 5. l.

De la Font, 2. l.

De Hauteroche, 2. l. 10. s.

De Legrand, 2. l. 10. s.

Palaprat, seconde Edition, augmentée de plusieurs Comedies qui n'ont pas encore été imprimées, & d'un Recueïl de Pieces en Vers, 2. *vol.* 5. l.

De Riviere, 2. l. 10. s.

Boindin, 2. l.

De Champ-Mêlé, 2. l.

De Montfleury, 2. *vol.* 5. l.

De Rousseau, un *vol.* 2. l. 10. s.

De Mademoiselle Barbier, 2. l. 10. s.

Quinault, nouvelle Edition, augmentée d'un abregé de sa Vie, d'une Dissertation sur ses Ouvrages, & de l'origine de l'Opera, & de ses Opera, *in 12. 5. vol.* ornez de figures, 12. l. 10. s.

Theatre François, ou Recueïl des meilleures pieces de Theatre des anciens Auteurs, *in 12. 3. vol.* 7. l. 10. s.

Theatre Lyrique avec une Préface où l'on traite du Poëme de l'Opera, & la Réponse à une Epître Satyrique contre ce spectacle, *par M. le Br. in 12.* 2. l.

Pieces nouvelles & séparées.

Tragedies.

Mahomet II.
Idomenée.
Atrée.
Electre.
Caton d'Utique.
Absalon.
Cyrus.
Geta.
Les Tyndarydes.
Saül.
Médée.
Herode.
Ino & Melicerte.
Polydore.
La mort d'Ulysse.
Mustapha.
Jonathas.
Habis.
Agrippa, ou le faux Tiberinus.

Comedies.

Marius.
Le Curieux Impertinent.
Les Agioteurs.
L'Amour Charlatan.
Le Naufrage.
Danaé.
Turcaret.
Crispin Rival.
Le Jaloux desabusé.
Les Métamorphoses.
L'Amour vangé.
Esope à la Ville.
L'Usurier Gentilhomme
Esope à la Cour.

Les Fêtes du Cours.
Le Verd Galant.
Sancho Pansa Gouverneur.
La Devineresse.
L'Impromptu de Suresne.
Les trois Freres Rivaux.
La Coquette de Village, ou le Lot suposé.
La Coupe enchantée.
L'Aveugle clairvoyant.

} *Comedies.*

Les Airs notez des Comedies Françoises, *par M. Gilliers*, *in* 4. 9. l.
Telephe, Opera, noté, 7. l. 10. s.
Medée, noté, 8. liv.
Les Plaisirs de la Paix, noté, 8. l.

Medée.
Les Amours déguisez.
Arion.
Telephe.
Armide.
Les Fêtes de Thalie.
Telemaque.
Proserpine.
Les Plaisirs de la Paix.
Zephire & Flore.
Theonoé.
L'Europe galante.
Alceste.
Ajax.
Les Plaisirs de l'Eté.
Arianne.

} *Opera en paroles.*

La mort d'Alcide.
Hypermnestre.
Roland.
Le Divertissement du Bourgeois Gentilhomme.

} *Opera.*

Le quatriéme Livre des Motets *de M. Campra*, 5. l.
Recuëil de Pieces en Vers, adressées à S. A. S. Monseigneur le Duc de Vendôme, & plusieurs Essais de Poësies diverses, *par M. de Palaprat*, *in* 12. 1. l. 10. s.
Et toutes les autres Pieces de Theatre tant anciennes que nouvelles.
Tous les Opera.
Le Theatre de l'Amour & de la Fortune, par Mad. *Barbier*, in 12. 2. *vol.* 4. l.
Œuvres de M Despreaux, avec des éclaircissemens historiques donnez par lui même, 2. vol. in 4. 12. l.

—— *Idem* Grand papier, 18. l.
—— *Idem* in 12. 4. vol. 8. l.
La Connoissance parfaite des Chevaux, contenant la maniere de les gouverner, nourrir & entretenir en bon corps, & de les conserver en santé dans les voyages ; avec un détail general de toutes leurs maladies, des signes & des causes d'où elles proviennent, des moyens de les prévenir, & de les en guerir par des remedes experimentez depuis long-tems, & à la portée de tout le monde. Jointe à une nouvelle instruction sur le Haras, bien plus étenduë que celles qui ont paru jusqu'à present, afin d'élever de beaux Poulains pour toutes sortes d'usages. On trouve aussi dans ce Livre l'Art de monter à Cheval, & de dresser les Chevaux de Manége, tirée des meilleurs Auteurs qui en ont écrit. Le tout enrichi de figures en taille douce, *in* 8. 3. l. 10. s.
Lettre à M. de ..... sur l'origine des anciens Rois ou Dieux d'Egypte ; qui explique ce qui a donné lieu aux Fables des Dieux de l'Antiquité, brochure *in* 12. 1. l.
La Rivale travestie, *in* 12 2. l.
Nouveau Recuëil des plus beaux Secrets de Medecine pour la guérison de toutes sortes de maladies, blessures & autres accidens qui surviennent au corps humain, & la maniere de préparer facilement dans les Familles, les remedes & les médicamens qui y sont necessaires, avec un Traité des plus excellens préservatifs, contre la peste, fiévres pestilentielles, pourpre, petites veroles, & toutes sortes de maladies contagieuses, donnez par une personne charitable, augmentez des veritables Secrets naturels de *M. Lemery*, qui regardent la nature & l'art, avec d'autres Secrets fort curieux, & tirez de ce qu'il y a de meilleurs Auteurs en ce genre. 2 *vol. in* 12. 5. l.
Histoire de Gilblas de Santillanne, par *M. le Sage*, 2. édition, 2. *vol. in* 12. ornée de Figures. 5. l.
L'Imitation de JESUS-CHRIST en vers, *par M. Corneille*. in 12. ornée de figures, 5. liv.
Anecdotes du Ministere du Cardinal de Richelieu, & du Regne de Loüis XIII. avec quelques particularitez, du Commerce de la Regence d'Anne d'Autriche, 2. *vol.* in 12. 5. l.

www.ingramcontent.com/pod-product-compliance
Ingram Content Group UK Ltd.
Pitfield, Milton Keynes, MK11 3LW, UK
UKHW031939260826
14628UKWH00004B/1739

9 782329 407326